Der Freistaat Sachsen
und seine
Schlösser und Gärten

Der Freistaat Sachsen und seine Schlösser und Gärten

Das Vorwort schrieb
Ministerpräsident Prof. Dr. Kurt Biedenkopf

Die Textauswahl besorgte
Georg Antosch

Verlag Kunst und Touristik Leipzig GmbH

ISBN 3-928802-11-9

Gesamtherstellung: Schröer-Druck, Leipzig

Den Bildband gestaltete
Rolf Kunze
mit Fotos aus dem vkt-Bildarchiv
und Aufnahmen von Rosemarie Kunze
und Renate und Roger Rössing

Der Freistaat Sachsen – ein Land mit Tradition! Hier verbinden sich große Geschichte mit dem offenen Blick in die Zukunft, das Alte mit dem Neuen, das Beständige mit dem Wandel. Die Menschen in Sachsen gestalten Zukunftweisendes in Wirtschaft wie Kultur und besinnen sich doch immer wieder auf die bewahrenswerten Traditionen des Landes.

Gerade der beständige Willen zur Erneuerung, die Kühnheit des Entwurfs, die Gediegenheit der Umsetzung von Ideen, die Maßstäbe in Europa setzen, zeichneten die Schöpferkraft der Sachsen in den Blütezeiten des Landes aus. Auch diese Eigenschaften sind sächsische Tradition.

Noch heute legen die Schlösser und Gärten des Freistaates davon beeindruckend Zeugnis ab. Von der Oberlausitz über das Vogtland bis in die Leipziger Tieflandsbucht sprechen die Bauten und Anlagen von Wissen und Wohlstand, Kunstsinn und Lebensart ihrer Schöpfer, aber auch vom Engagement derer, die sie bis heute erhalten haben. Viel Bewahrenswertes ist zu entdecken, viel Arbeit ist bei der Pflege der steinernen und grünenden Kostbarkeiten nötig und wird geleistet.

Sachsens Schlösser und Gärten bieten den Bürgern des Freistaates und ihren Gästen Orte, sich zu erholen, aber auch Raum zur Besinnung auf die Wurzeln heimatlicher Zugehörigkeit. Beschwingtheit, Würde und Festlichkeit der Bauwerke lassen den Blick über den Alltag hinausgehen. Lassen ihn sich aber dann neu auf die Aufgaben des Tages richten, mit einer Zuversicht, die nicht zuletzt aus der Kraft von Jahrhunderten erwächst.

Kurt Biedenkopf

Dann pflanzte Gott der Herr einen Garten Eden gegen Osten
und setzte einen Menschen darein, den er gebildet hatte.
Und Gott der Herr ließ allerlei Bäume aus der Erde wachsen,
lieblich anzusehen und gut zu essen,
und den Baum des Lebens mitten im Garten
und den Baum der Erkenntnis des Guten und des Bösen.

1. Buch Mose, Kapitel 2, Verse 8 bis 15

Die Natur wirkt nach Gesetzen,
die sie sich in Eintracht
mit dem Schöpfer vorschrieb,
die Kunst nach Regeln,
über die sie sich
mit dem Genie einverstanden hat.

Johann Wolfgang von Goethe
(Maximen und Reflexionen)

WUNSCHTRAUM EINES SCHRIFTSTELLERS

Mit Worten kann man nicht einmal einen Stuhl so genau beschreiben, daß ihn der Tischlermeister Kunze in seiner Werkstatt nachbauen könnte! Wieviel weniger das Schloß Moritzburg mit seinen vier Rundtürmen, die sich im Wasser spiegeln! Oder die Vase des Italieners Corradini am Palaisteich, schrägüber vom Café Pollender! Oder das Kronentor im Zwinger! Ich sehe schon: Ich werde den Herrn Illustrator bitten müssen, für dieses Kapitel eine Reihe Zeichnungen zu machen. Damit ihr, deren Anblick, wenigstens ein wenig ahnt und spürt, wie schön meine Heimatstadt gewesen ist!

Vielleicht frage ich ihn sogar, ob er Zeit hat, eines der Kavaliershäuschen zu zeichnen, die das Palais im Großen Garten flankierten! „In einem davon", dachte ich als junger Mann, „würdest du fürs Leben gerne wohnen! Womöglich wirst du eines Tages berühmt, und dann kommt der Bürgermeister mit seiner goldenen Kette um den Hals, und schenkt es dir, im Namen der Stadt." Da wäre ich dann also mit meiner Bibliothek eingezogen. Morgens hätte ich im Palaiscafé gefrühstückt und die Schwäne gefüttert. Anschließend wäre ich durch die alten Alleen, den blühenden Rhododendronhain und rund um den Carolasee spaziert. Mittags hätte sich der Kavalier zwei Spiegeleier gebraten und anschließend, bei offenem Fenster, ein Schläfchen geleistet. Später wäre ich, nur eben um die Ecke, in den Zoo gegangen. Oder in die große Blumenausstellung. Oder ins Hygienemuseum. Oder zum Pferderennen nach Reick. Und nachts hätte ich, wieder bei offenem Fenster, herrlich geschlafen. Als einziger Mensch in dem großen, alten Park. Ich hätte von August dem Starken geträumt, von Aurora von Königsmarck und der ebenso schönen wie unglücklichen Gräfin Cosel.

Wann ich dann wohl gearbeitet hätte, wollt ihr wissen? Wie kann man nur so neugierig sein! Das hätten doch die Heinzelmännchen besorgt! Die Nachkommen der königlich polnischen, kursächsischen Hofzwerge! Sehr kleine, sehr tüchtige Leute! Sie hätten nach knappen Angaben von mir, auf winzigen Schreibmaschinen meine Gedichte und Romane geschrieben, und ich wäre inzwischen auf dem Apfelschimmel Almansor, meinem Lieblingspferd, über die breiten dunkelbraunen Reitwege galoppiert. Bis zur „Pikardie“. Dort hätten ich und Almansor Kaffee getrunken und Streuselkuchen verzehrt!

P.S. Wenn es zutreffen sollte, daß ich nicht nur weiß, was schlimm und häßlich, sondern auch, was schön ist, so verdanke ich diese Gabe dem Glück, in Dresden aufgewachsen zu sein. Ich durfte die Schönheit einatmen wie Försterkinder die Waldluft.

Erich Kästner

Der Park umfing mich wie eine Kirche ...
Ein solcher Park ist
eine künstlerisch geschaffene Natur,
und der beruhigende Hauch eines Kunstwerkes
strömt von ihm aus.
Er wirkt also auf mich so günstig,
weil ein künstlerischer Menschengeist
ihn durchwehte.
Dies ist durchaus keine Phrase;
hundert und hundertmal hab ich's empfunden ...
Wie der Maler mit Figur und Farbe,
der Dichter mit Begebenheit, Charakteren
und Handlungen wirkt und günstig wirkt,
sobald er Harmonie erreicht,
so wirkt Pückler in seiner Landschaftskunst
mit Strauch, Baum, Rasen, Wasser,
Höhe und Tiefe, Aussicht und Verhüllung ...

Heinrich Laube

In der Natur und meiner Kunst
will ich meine höchsten Freuden suchen
und werde sie da finden;
denn sie stammen von Gott,
sind unergründlich reich,
ewig wechselnd und doch immer dieselben,
treu und wahr wie alle Werke Gottes.

Ludwig Richter
(Aus den Jugendtagebüchern)

Zum Sehen geboren,
zum Schauen bestellt,
dem Turme geschworen
gefällt mir die Welt.
Ich blick in die Ferne,
ich seh in der Näh
den Mond und die Sterne
den Wald und das Reh.
So seh ich in allen
die ewige Zier,
und wie mir's gefallen,
gefall ich auch mir.

Ihr glücklichen Augen,
was je ihr gesehn,
es sei, wie es wolle,
es war doch so schön!

Johann Wolfgang von Goethe
(Lynkeus der Türmer)

SCHLOSS HARTENFELS

Dies ist ein Herbsttag, wie ich keinen sah!
Die Luft ist still, als atmete man kaum,
und dennoch fallen raschelnd, fern und nah,
die schönsten Früchte ab von jedem Baum.

O stört sie nicht, die Feier der Natur!
Dies ist die Lese, die sie selber hält;
denn heute löst sich von den Zweigen nur,
was von dem milden Strahl der Sonne fällt.

Friedrich Hebbel (Herbstbild)

Der Winter ging, der Sommer kam,
er bringt aufs neue wieder
den vielgeliebten Wunderkram
der Blumen und der Lieder.

Wie das so wechselt Jahr um Jahr,
betracht ich fast mit Sorgen.
Was lebte, starb, was ist, es war,
und heute wird zu morgen.

Stets muß die Bildnerin Natur
den alten Ton benützen
in Haus und Garten, Wald und Flur
zu ihren neuen Skizzen.

Wilhelm Busch (Immer wieder)

Ein ganz kleines Reh stand am ganz kleinen Baum
still und verklärt wie im Traum.

Das war nachts elf Uhr zwei.
Und dann kam ich um vier
morgens wieder vorbei.
Und da träumte noch immer das Tier.

Nun schlich ich mich leise – ich atmete kaum –
gegen den Wind an den Baum,
und gab dem Reh einen kleinen Stips!
Und da war es aus Gips.

Joachim Ringelnatz (Im Park)

DIE LEIPZIGER

Die Leipziger sind in ihrem Umgange ungemein höflich und verbindlich und zeigen in ihrem Betragen einen guten Ton und eine feine Lebensart, so, daß man Leipzig mit Recht eine Schule der guten Sitten nennt. Selbst unter den geringeren Einwohnern findet man ein höfliches Betragen. Die Leipziger haben auch viel Liebe zur Lektüre, und es herrscht unter ihnen viele Aufklärung. Es kann also hier niemanden an Unterhandlung und Vergnügen fehlen, wenn nur seine Seele zum gesellschaftlichen Leben gestimmt ist.

Auch die angenehme Gegend, in der Leipzig liegt, macht den Fremden die Stadt angenehm. Zwar ist diese Gegend nicht mit der Dresdner zu vergleichen, welche mehr Naturschönheiten hat; dafür hat aber auch Leipzig schönere Gärten und die reizende Promenade in den um die Stadt herumgehenden Alleen und Englischen Parthien. Ein Spaziergang in das Rosenthal hatte für mich allezeit viel anziehendes, und ich prieß die hiesigen Einwohner glücklich, daß sie sich eines so reizenden Wäldchens zu stillen Vergnügungen stets bedienen können.

Karl Wertheims Reise durch Kursachsen. Leipzig 1793/94

AN DIE FREUNDE UND LESER: „DIE GARTENLAUBE“ NUMMER 1

„Wenn ihr im Kreise eurer Lieben die langen Winterabende am traulichen Ofen sitzt oder im Frühlinge, wenn vom Apfelbaume die weißen und roten Blüten fallen, mit einigen Freunden in der schattigen Laube – dann leset unsere Schrift. Ein Blatt soll's werden fürs Haus und für die Familie, ein Buch für Groß und Klein, für Jeden, dem ein warmes Herz an den Rippen pocht, der noch Lust hat am Guten und Edlen! Fern von aller raisonnierenden Politik und allem Meinungsstreit in Religions- und anderen Sachen, wollen wir euch in wahrhaft guten Erzählungen einführen in die Geschichte des Menschenherzes und der Völker, in die Kämpfe menschlicher Leidenschaften und vergangener Zeiten.
Dann wollen wir hinauswandern an der Hand eines kundigen Führers in die Werkstätten des menschlichen Wissens, in die freie Natur, zu den Sternen des Himmels, zu den Blumen des Gartens, in die Wälder und in die Eingeweide der Erde, und dann sollt ihr hören von den schönen Geheimnissen der Natur ...
Über das Ganze aber soll der Hauch der Poesie schweben wie der Duft auf der blühenden Blume, und es soll euch anheimeln in unsrer Gartenlaube, in der ihr gut-deutsche Gemütlichkeit findet, die zu Herzen spricht.“

Verleger Ernst Keil

In Schlösser drängt sich oft
ein Schwarm von Leide –
im Kleid der Freude.

Ewald Christian von Kleist
(Der Vorsatz)

Hier, wo ich stehe, sind wir Bäume,
die Straße und die Zwischenräume
so unvergleichlich groß und breit.
Mein Gott, mir tun die kleinen Bäume
am Ende der Allee entsetzlich leid!

Erich Kästner
(Mitleid und Perspektive)

Es saß ein Mann gefangen
auf einem hohen Turm,
die Wetterfähnlein klangen
gar seltsam in den Sturm.

Und draußen hört er ringen
verworr'ner Ströme Gang
dazwischen Vöglein singen,
und heller Waffen Klang.

Ein Liedlein scholl gar lustig:
Heisa, solang Gott will!
Und wilder Menge Tosen;
dann wieder totenstill.

So tausend Stimmen irren,
wie Wind' im Meere gehn,
sich teilen und verwirren,
er konnte nichts verstehn.

Doch spürt' er, wer ihn grüße,
mit Schaudern und mit Lust,
es rührt ihn wie ein Riese
das Leben an die Brust.

Joseph Freiherr von Eichendorff
(Der Riese)

Im Garten im Mondlicht
vernehm' ich ein leises
Flüstern und Streiten.
Lilien und Rosen
streiten, wer schöner
von ihnen blühe;
wenden die Häupter
nach mir hin, – ich gehe,
der Mond sieht euch blühen,
der soll's entscheiden!

Justinus Kerner
(Im Garten im Mondlicht)

DAS HIRTENBÜBLEIN

Es war einmal ein Hirtenbüblein, das war wegen seiner weisen Antworten, die es auf alle Fragen gab, weit und breit berühmt. Der König des Landes hörte auch davon, glaubte es nicht und ließ das Bübchen kommen. Da sprach er zu ihm: „Kannst du mir auf drei Fragen Antwort geben, so will ich dich ansehen wie mein eigen Kind, und du sollst bei mir in meinem königlichen Schloß wohnen." Sprach das Büblein: „Wie lauten die drei Fragen ?" Der König sagte: „Die erste lautet, wieviel Tropfen Wasser sind in dem Weltmeer?" Das Büblein antwortete: „Laßt alle Flüße auf der Erde verstopfen, damit kein Tröpflein mehr daraus ins Meer läuft, das ich nicht erst gezählt habe, so will ich Euch sagen, wieviel Tropfen im Meer sind." Sprach der König: „Die andere Frage lautet, wie viele Sterne stehen am Himmel?" Das Hirtenbüblein sagte: „Gebt mir einen großen Bogen weiß Papier", und dann machte es mit der Feder so viele feine Punkte darauf, daß sie kaum zu sehen und fast gar nicht zu zählen waren und einem die Augen vergingen, wenn man darauf blickte. Darauf sprach es: „So viele Sterne stehen am Himmel, als hier Punkte auf dem Papier, zählt sie nur." Aber niemand war dazu imstand. Sprach der König: „Die dritte Frage lautet, wieviele Sekunden hat die Ewigkeit ?" Da sagte das Büblein: „In Hinterpommern liegt der Demantberg, der hat eine Stunde in die Höhe, eine Stunde in die Breite und eine Stunde in die Tiefe; dahin kommt alle hundert Jahre ein Vöglein und wetzt sein Schnäblein daran, und wenn der ganze Berg abgewetzt ist, dann ist die erste Sekunde der Ewigkeit vorbei." Sprach der König: „Du hast die drei Fragen aufgelöst wie ein Weiser und sollst fortan bei mir in meinem königlichen Schlosse wohnen, und ich will dich ansehen wie mein eigenes Kind."

Jakob und Wilhelm Grimm

Wie herrlich ist von meinem Plätzchen
auf dem Berge die weite Gegend!
So himmlisch schön, so sinnlich schön!
Der blaue tiefe Himmel, die weite
grüne Welt, die schöne helle
Mailandschaft mit tausend Stimmen belebt!

Ludwig Richter

Das macht, es hat die Nachtigall
die ganze Nacht gesungen;
da sind von ihrem süßen Schall,
da sind in Hall und Widerhall
die Rosen aufgesprungen.

Sie war doch sonst ein wildes Blut,
nun geht sie tief in Sinnen,
trägt in der Hand den Sommerhut
und duldet still der Sonne Glut
und weiß nicht, was beginnen.

Das macht, es hat die Nachtigall
die ganze Nacht gesungen;
da sind von ihrem süßen Schall,
da sind in Hall und Widerhall
die Rosen aufgesprungen.

Theodor Storm (Die Nachtigall)

In meinen Garten darfst du nicht,
es ist noch gar zu früh,
den Gartenschlüssel hast du nicht,
er ist verborgen hie.

Volkslied (Die Spröde)

Zu Golde ward die Welt;
zu lange traf
der Sonne süßer Strahl
das Blatt, den Zweig.
Nun neig
dich, Welt, hinab
in Winterschlaf.
Bald sinkt's von droben dir
in flockigen Geweben
verschleiernd zu –
und bringt dir Ruh, o Welt,
o dir, zu Gold geliebtes Leben,
Ruh.

Christian Morgenstern (Herbst)

Ein Mensch
bemerkt mit bitterm Zorn,
daß keine Rose
ohne Dorn.
Doch muß ihn
noch viel mehr erbosen,
daß sehr viele
Dornen ohne Rosen.

Eugen Roth
(Sprichwörtliches)

Wir sind so gerne in der freien Natur,
weil diese keine Meinung über uns hat.

Friedrich Nietzsche
(Die freie Natur)

Komm in den totgesagten Park und schau:
Der Schimmer ferner lächelnder Gestade,
der reinen Wolken unverhofftes Blau
erhellt die Weiher und die bunten Pfade.

Dort nimm das tiefe Gelb, das weiche Grau
von Birken und von Buchs, der Wind ist lau,
die späten Rosen welkten noch nicht ganz,
erlese, küsse sie und flicht den Kranz.

Vergiß auch diese letzten Astern nicht,
den Purpur um die Ranken wilder Reben
und auch was übrigblieb vom grünen Leben
verwinde leicht im herbstlichen Gesicht.

Stefan George

Sehr hübsch – die Leute säcksch,
aber die Stadt hat wunderschönes Barock,
und stellenweise ist sie großartig.

Kurt Tucholsky

Der schöne Sommer ging von hinnen,
der Herbst, der reiche, zog ins Land.
Nun weben all die guten Spinnen
so manches feine Festgewand.

Wilhelm Busch

UND ZUM SCHLUSS EIN NACHWORT

Während ich am Fenster saß und an meinem Buch schrieb, gingen die Jahreszeiten und die Monate durch den Garten. Manchmal klopften sie an die Scheibe, dann trat ich hinaus und unterhielt mich mit ihnen. Wir sprachen übers Wetter. Die Jahreszeiten liebten das Thema. Wir sprachen über die Schneeglöckchen und den späten Frost, über die erfrorenen Stachelbeeren und den dürftig blühenden Flieder, über die Rosen und den Regen. Gesprächsstoff gab es immer.
Gestern klopfte der August ans Fenster. Er war vergnügt, schimpfte ein bißchen über den Juli, das tat er fast jedes Jahr, und hatte es eilig ... „Grüßen Sie den September! Er soll mich nicht blamieren!" „Ich werd's ausrichten!" rief ich zurück. Die Monate haben es eilig. Die Jahre haben es noch eiliger. Und die Jahrzehnte haben es am eiligsten. Nur die Erinnerungen haben Geduld mit uns. Besonders dann, wenn wir mit ihnen Geduld haben.

Erich Kästner

QUELLENANGABE

Wilhelm Busch (1832–1908): Zu guter Letzt, Friedrich Bassermann'sche Verlagsbuchhandlung München 1904

Joseph Freiherr von Eichendorff (1788–1857): Sämtliche Werke, hrsg. von Wilhelm Kosch u. a. Regensburg o. J. (1908)

Stefan George (1868–1933): Das Jahr der Seele, Verlag Georg Bondi Berlin 1921

Johann Wolfgang von Goethe (1749–1832): Faust. Der Tragödie zweiter Teil. Band 41 der Ausgabe letzter Hand, Stuttgart und Tübingen 1832

Jakob (1785–1863) und Wilhelm (1786–1859) Grimm: Kinder- und Hausmärchen, vollständige Ausgabe, Hesse & Becker Verlag Leipzig 1907

Friedrich Hebbel (1813–1863): Hebbels Werke Band 1, hrsg. von Dr. Karl Zeiß, Bibliographisches Institut Leipzig und Wien 1899

Erich Kästner (1899–1974): Als ich ein kleiner Junge war, Atrium Verlag Zürich, Cecilie Dressler Verlag Berlin 1957. Kurz und bündig, Atrium Verlag Zürich, Kiepenheuer & Witsch Köln 1950. Alle Rechte Atrium Verlag Zürich.

Ernst Keil (1816–1878): Die Gartenlaube Nr. 1, Verlag Ernst Keil Nachf., Leipzig 1853

Justinus Kerner (1786–1862): Sämtliche poetische Werke, Hrsg. Josef Gaismaier Leipzig o. J. (1905)

Christian Morgenstern (1871–1914): Der Jahreskreis, Gedichte, Eugen Diederichs Verlag Jena 1944

Joachim Ringelnatz (1883–1934): Reisebriefe eines Artisten, Rowohlt Verlag Berlin 1928

Eugen Roth (1895–1976): Ein Mensch, Alexander Duncker Verlag Weimar 1935

Theodor Storm (1817–1888): Storms Werke in sechs Teilen, hrsg. von Felix Lorenz, Berlin und Leipzig o. J.

SPRÜCHE UND NOTATE von Johann Wolfgang von Goethe, Erich Kästner sowie Ewald Christian von Kleist (1715–1759), Heinrich Laube (1806–1884), Friedrich Nietzsche (1844–1900), Adrian Ludwig Richter (1803–1884) und Kurt Tucholsky (1890–1935)

Wir danken den Verlegern für die freundlichst erteilten Abdruckgenehmigungen.

BILDLEGENDEN

Einband vorn:
Schloß Moritzburg

LEGENDES

Reliure en tête:
Château Moritzburg

8–11 Pavillon de chasse Moritzburg
Phare près du grand étang
Pierre milliaire saxonne
14 Château Hoflößnitz près de Radebeul
Belvédère et jardin du château Wackerbarths Ruh
15 Château Wackerbarths Ruh
16/17 Château baroque Rammenau
18/19 Jardin baroque Rammenau
20/21 Le pont Rakotz dans le paysage de Kromlau
22 Château de Seußlitz (Diesbar-Seußlitz)
Jardin avec pavillon baroque «Heinrichsburg»
23 Maison du vigneron «Luisenburg» dans le parc Seußlitz
24/25 Château Milkel
26 Château Hohenprießnitz
27 Château baroque de Schönwölkau
28/29 Château Hartenfels à Torgau
34/35 Château et parc de Püchau
36–39 Château Nischwitz
40/41 Jardin baroque du château Brandis
44 Rosental à Leipzig
45 Château de Gohlis à Leipzig
46 Vue sur le château du temps de la renaissance de Colditz
47 Château de Rochlitz en haut de la Zwickauer Mulde
48 Le parc baroque de Sahlis
49 Sculpture de fer de fonte dans le parc sentimental du château Wolkenburg
50/51 Château Stein dans la vallée de Chemnitz
52 Château Forderglauchau
53 Chemnitz, étang et église du château
54/55 Château Lichtenwalde
57/59 Château Augustusburg
60 Château Schwarzenberg
61 Château baroque de Rheinhardsgrimma
62 Château Lauenstein dans la vallée de la Müglitz
63 Château de Nossen
65 Château Kuckuckstein
66–69 Château Weesenstein
70–73 Dans la jardin baroque de Großsedlitz
74–79 Château Pillnitz
74 Palais au bord de l'Elbe
75 Fassade du Palais
76/77 Vue sur le jardin d'agrément
78 Pavillon anglais au bord de l'étang
79 Temple chinois
Gondole saxonne
80 Château Albrechtsberg au bord de l'Elbe à Dresden, au fond le château Eckberg
81 Dans le parc du château Albrechtsberg
82–85 Le grand jardin de Dresden
85 Le palais avec l'étang
86–89 Le château de Dresden
86 Le cortège des nobles sur le mur de la cour des écuries
87 Fassade du château
88 Le portail «Georgentor»
89 Le pignon et la tour après la reconstruction
90 Fontaine dans le jardin du palais Marcolini
91 Les escaliers dans le Johanneum (maintenant le musée des transports)
92–95 Le Zwinger

DESCRIPTION OF THE COLOURED PHOTOGRAPHS

Front cover:
Castle Moritzburg

8–11 Hunting castle Moritzburg; Lighthouse at the big pond; Saxonian distance-pillar
14 Hoflößnitz castle near Radebeul
Belvedere with garden around Wackerbarths Ruh castle
15 Wackerbarths Ruh castle
16/17 Rammenau baroque castle
18/19 Neschwitz baroque garden
20/21 Rakotz bridge in the park of Kromlau
22 Seußlitz castle (Diesbar-Seußlitz)
Garden with baroque summer-house "Heinrichsburg"
23 Vintage house "Luisenburg" within the park of Seußlitz
24/25 Milkel castle
26 Hohenprießnitz castle
27 Schönwölkau baroque castle
28/29 Hartenfels castle in Torgau
34/35 Püchau castle and park
36–39 Nischwitz castle
40/41 Baroque park around Brandis castle
44 Rosental in Leipzig
45 "Gohliser Schlößchen" in Leipzig
46 View of the Colditz renaissance castle
47 Rochlitz castle above the "Zwickauer Mulde"
48 Baroque park Sahlis
49 Cast-iron sculpture in the sentimental park of Wolkenburg castle
50/51 Stein castle in the valley of Chemnitz
52 Forderglauchau castle
53 Chemnitz, castle-pond with castle-hill and castle-church
54/55 Lichtenwalde castle
57/59 Augustusburg castle
60 Schwarzenberg castle
61 Baroque castle Rheinhardsgrimma
62 Lauenstein castle in the Müglitz-valley
63 Nossen castle
65 Kuckuckstein castle
66–69 Weesenstein castle
70–73 In the baroque-garden of Großsedlitz
74–79 Pillnitz castle
74 Water-palais at the river Elbe
75 Front of the Water-palais
76/77 View over the "Lustgarten"
78 English pavillon at the english pond
79 The Chinese Temple
Saxonian State gondola
80 Albrechtsberg castle at the river bank Elbe near Dresden, in the background: Eckberg castle
81 In the garden of Albrechtsberg castle
82–85 In the "Großen Garten of Dresden"
85 Palais at the palais-pond
86–89 Dresden castle
86 Marching princes ("Fürstenzug") at the outer side of the "Stallhof"
87 Front of the castle
88 "Georgentor" (gate of George)
89 Renovated gable and tower
90 Well of Neptun in the garden of the Marcolini-Palais
91 Stone-steps of the "Johanneum" (nowadays: Museum of traffic)
92–95 In the "Zwinger"

BILDLEGENDEN

DESCRIPTION OF THE COLOURED PHOTOGRAPHS

LEGENDES